글 고희정

이화여자대학교에서 과학교육을 전공하고 석사 학위를 받았습니다. 중·고등학교와 대학교에서 과학을 가르쳤고, '딩동댕 유치원', '방귀대장 뿡뿡이', '생방송 톡톡 보니하니', '뽀뽀뽀', '꼬마 요리사', '만들어 볼까요?', '과학 놀이터' 등의 어린이 프로그램을 만들었습니다. 쓴 책으로 《수리수리마수리 암호 나라로!》, 《사각사각정사각 도형 나라로!》, 〈어린이 과학 형사대 CSI 시리즈〉가 있으며, 지금도 재미있는 동화책과 방송 프로그램 대본을 쓰고 있습니다.

그림 이경석

만화가이자, 일러스트레이터입니다. 톡톡 튀는 남다른 이야기를 찾고자 오늘도 작업에 열중하고 있습니다. 그린 책으로 《최무선》, 《안녕, 외계인》, 《빨간 날이 제일 좋아!》, 《오메 돈 벌자고?》, 《동물원이 좋아!》, 《으랏차차 들돌 들어라!》, 《서울 샌님 정약전과 바다 탐험대》 등이 있으며, 쓰고 그린 책으로는 《을식이는 재수 없어》, 《좀비의 시간》, 《전원 교향곡》, 《속주패王전》 등이 있습니다.

추천 권오남

이화여자대학교 수학교육과를 졸업하고, 서울대학교 수학과에서 석사 학위를, 인디애나 대학에서 수학교육학 석사 학위와 수학 박사 학위를 받았습니다. 지금은 서울대학교에서 수학교육과 교수로 재직 중입니다. 역동적이고 인상적인 토론 수업과 탁월한 강의로 2009년 서울대학교 교육상을 수상하였습니다. 국제수학교육대회에 한국인 최초로 초청강연을 했고, 제 12차 국제수학교육대회 국제조직위원, 유네스코와 국제수학연맹에서 주관하는 'Mathematics Of Planet Earth 2013' 심사위원을 맡았습니다. 아시아 국가 출신으로는 유일하게 세계적인 출판사 Springer의 'Advances in Mathematics Education'의 편집위원으로 활동 중입니다.

토토 수학 놀이터 3
재기재기양재기 비교 나라로!
초판 1쇄 2013년 10월 2일 | 초판 8쇄 2023년 3월 27일

글 고희정 | **그림** 이경석 | **책임 편집** 조연진, 정혜원 | **마케팅** 강백산, 강지연 | **디자인** Studio Marzan 김성미
펴낸이 이재일 | **펴낸곳** 토토북 04034 서울시 마포구 양화로11길 18, 3층(서교동, 원오빌딩)
전화 02-332-6255 팩스 02-332-6286
홈페이지 www.totobook.com 전자우편 totobooks@hanmail.net
출판등록 2002년 5월 30일 제10-2394호
ISBN 978-89-6496-156-8 73410

ⓒ 고희정, 이경석 2013
이 책은 저작권법에 의해 보호를 받는 저작물이므로 무단 전재 및 무단 복제를 금합니다. 잘못된 책은 바꾸어 드립니다.

제품명: 재기재기양재기 비교 나라로! | 제조자명: 토토북 | 제조국명: 대한민국 | 전화: 02-332-6255
주소: 서울시 마포구 양화로11길 18, 3층(서교동, 원오빌딩) | 제조일: 2023년 3월 27일 | 사용연령: 8세 이상
* KC 인증 유형: 공급자 적합성 확인
* KC마크는 이 제품이 공통안전기준에 적합하였음을 의미합니다.

⚠ 주의 책의 모서리에 다치지 않게 주의하세요.

재기재기양재기
비교 나라로!

글 **고희정** | 그림 **이경석**
추천 **권오남**(서울대 수학교육과 교수)

www.totobook.com

비교 나라 탐험 순서

작가의 말 • 3

내 이름은 양재기 • 4

첫 번째 문제 세 번째 공을 찾아라! • 8

두 번째 문제 50cm 보물을 찾아라! • 22

세 번째 문제 돌 성곽을 탈출하라! • 32

네 번째 문제 종이 독수리의 넓이는? • 42

다섯 번째 문제 주황이를 살려라! • 52

여섯 번째 문제 괴물 가재의 무게는? • 64

일곱 번째 문제 시한폭탄을 찾아라! • 76

비교 나라를 빠져나와서 • 88

도전! 우리도 수학 박사 • 92

단위 속 신기하고 재미있는 수학 이야기 • 97

작가의 말

비교와 단위를 알면 측정이 쉬워요.

비교와 측정을 통해 길이, 넓이, 들이, 무게, 시간 등의 개념을 이해하고 단위를 익히는 것은 우리 생활에 꼭 필요한 수학적 활동이에요. 또 이러한 과정은 논리력과 사고력, 계산력을 키우고 과학에서 쓰이는 기본 물리량을 이해할 수 있게 해 주지요.

도깨비 나라에 빠진 양재기는 도깨비 나라를 탈출하기 위해 일곱 개의 문제를 풀어야 해요. 문제는 다음과 같이 비교, 측정, 단위에 대해 이해할 수 있는 단계별 문제로 구성되어 있어요.

첫 번째 문제는 사물의 크기를 비교하고, 순서대로 배열하기.
두 번째 문제는 직접 재어보지 않고 어림하기와 기본 단위 정해 재어보기.
세 번째 문제는 길이의 단위를 알고 측정해 계산하기.
네 번째 문제는 단위 넓이의 의미를 알고, 도형의 넓이 계산하기.
다섯 번째 문제는 들이의 의미를 알고, 측정해 계산하기.
여섯 번째 문제는 무게를 비교하고, 측정해 계산하기.
일곱 번째 문제는 시, 분, 초의 관계를 이해하고, 시간 계산하기.

자, 그럼 양재기의 좌충우돌 도깨비 나라 탈출기! 시작해 볼까요?

글쓴이 고희정

내 이름은 양재기

내 이름은 양재기.
발로 차는 제기가 아니에요.
비빔밥 비벼 먹는 양재기는 더더욱 아니죠.
성은 양, 이름이 재기라서 양재기예요.
내가 제일 좋아하는 것은 축구예요.
보물 1호는 영국 프리미어 리그 킹레이저스의 박찬공 선수 사인 볼.
제일 좋아하는 옷은 킹레이저스 축구복이죠.
나는 하루에 한 번, 축구를 하지 않으면 온몸이 근질거려요.
그래서 지금 축구를 하러 가야 해요.

살금살금 까치발을 하고 거실을 지나 현관까지 왔어요.
이제 축구화를 신고 현관문만 열면 거의 성공이에요.

"양재기, 뭐하니?"
헉! 엄마예요. 결국 들키고 말았어요.
나는 얼른 불쌍한 표정으로 애원했어요.
"딱 30분만 놀고 올게요."
하지만 우리 엄마는 언제나 단호하게 말씀하시죠.
"안 돼. 수학 문제 30분 풀고 가."

결국 책상에 앉아 문제집을 폈지만 풀 수가 없어요.
내가 제일 싫어하는 과목은 수학.
그중에서도 제일 어려운 시간 계산 문제거든요.
"왜 이렇게 시간이 안 가!"
책상 위의 시계를 째려보고 있는데
딸깍! 문이 열리며 엄마가 들어오셨어요.
"우유 마시면서 해라."
아, 나는 밍밍한 우유가 정말 싫어요.
우유 마시면서 수학 문제 풀기.
싫은 것 두 개를 한꺼번에 하려니까 정말 괴로워요.
문제는 어렵고, 마음은 이미 축구장!
눈이 자꾸 시계로만 갔어요.
이럴 때는 시간이 휙휙 지나가 주면 얼마나 좋을까요?

그때였어요.
갑자기 시계의 초침 바늘이 뱅뱅 도는 거예요.
그러더니 문제집에 있던 숫자들이 둥둥 떠올라
시계 속으로 빨려 들어가는 거예요.
나는 얼른 손을 뻗어 숫자를 잡으려고 했어요.
하지만 강력한 힘이 나를 끌어당겼어요.
"어어……. 안 돼! 양재기 살려~"
나는 순식간에 시계 속으로 빨려 들어가고 말았어요.
도대체 나는 어디로 가고 있는 걸까요?

잠시 후, 나는 서늘한 느낌에 퍼뜩 정신이 들었어요.
앗! 꿈에도 그리던 축구장이에요.
분명히 시계 속으로 빨려 들어갔는데, 정말 이상한 일이에요.
하지만 뭐 어때요? 이제 마음껏 축구를 할 수 있잖아요.
'헤헤. 몸이나 풀어 볼까?'
나는 발 앞에 놓여 있는 축구공을 힘껏 찼어요.
"뻥!"
맑고 부명한 소리를 내며 축구공이 하늘을 멋지게 가로지르며 날아갔어요.
오, 역시 난 축구 천재가 분명해요!

축구공이 땅으로 떨어지는 순간, 깜짝 놀랄 일이 벌어졌어요.
갑자기 축구공이 두 개가 된 거예요!
처음 것보다 조금 더 큰 축구공이 새로 생겼어요.
'신기하네. 한번 더 차 볼까?'
나는 새로 생긴 좀 더 큰 축구공을 힘껏 찼어요.
"뻥!"
더 큰 소리와 함께 축구공이 멀리멀리 날아갔어요.
그리고 땅으로 떨어지는 순간, 또 두 개가 되었어요.
'뭐야, 여기?'
꼭 도깨비한테 홀린 기분이에요.
"뻥!"
다시 또 더 큰 공이 생겼어요.
다시 또 뻥!
다시 또 더 큰 공이 생겼어요.
공이 점점 더 커지니, 점점 더 재미있었어요.
"뻥! 뻥!"
순식간에 축구공이 7개나 되었어요.

바로 그때였어요.
삐삐삐~ 갑자기 어디선가 요란한 호루라기 소리가 들렸어요.
'뭐, 뭐야?'
나는 당황해서 주위를 둘러봤어요.

눈앞에 무엇인가 불쑥 나타났어요.
축구 심판 옷차림에 머리는 더벅머리, 삐죽 솟은 뿔하며
무시무시하게 생긴 얼굴, 그리고 손에 든 건 엄청나게 큰 방망이!
'도, 도깨비!'
도깨비가 무시무시한 얼굴로 소리쳤어요.
"네 녀석이로군. 내 시계를 고장 낸 녀석이!"
순간, 아까 뱅뱅 돌던 시계 바늘이 생각났어요.
나는 잔뜩 기어 들어가는 소리로 말했어요.
"그, 그건 내 시계인데."
도깨비는 내 말은 듣지도 않고 또 소리쳤어요.
"게다가 마음대로 내 공까지 찼단 말이지!"
'도깨비의 공? 어쩐지 신기하다 했어.'
그나저나 이럴 때는 일단 도망치는 게 최고겠지요?
나는 슬그머니 도망갈 채비를 했어요.

"깐따삐룰라!"
갑자기 도깨비가 방망이를 흔들며 소리쳤어요.
그러자 흩어져 있던 공들이 나를 향해 무서운 속도로 날아왔어요.
"뭐, 뭐야!"
만날 갖고 놀던 축구공이 나를 공격할 줄은 정말 몰랐어요.
이리저리 도망을 치느라 금방 지쳐 버렸어요.
"살려 줘. 잘못했어."
내가 빌어도 도깨비는 웃기만 했어요.
"우헤헤헤. 우헤헤헤."
웃음소리도 정말 이상해요. 나쁜 도깨비가 분명해요.

"그만!"
갑자기 카랑카랑한 목소리가 들리자
나를 쫓던 공들이 모두 멈췄어요.
벌레, 아니 나비같이 생긴 이 아이는 또 누구죠?
"그러는 게 어디 있어? 기회는 줘야지."
도깨비를 겁내지 않는 나비라니 정말 놀라워요.
"안녕, 난 자 요정이야."
나는 한눈에 자 요정이 내 편이라는 사실을 알아차렸어요.
그래서 친절하고 다정하게 말했죠.
"자 요정, 안녕? 도와줘서 고마워."
그러고 보니, 날개 모양이 삼각자 모양이에요!

"그런데 여기는 어디야?"
"도깨비 나라야. 일곱 쌍둥이 도깨비들이 지키고 있지.
네가 도깨비 나라의 시계를 고장 내서 빨려 들어온 거야."
나는 억울했어요.
"그건 내 시계고, 내가 고장 낸 것도 아냐. 갑자기 막 돌기 시작한 거야."
"여하튼 여기에서 나갈 방법은 고장 난 시계를 찾아서 고치는 것뿐이야."
"그 시계가 어디 있는데?"
"일곱 쌍둥이 도깨비들이 내는 문제를 다 맞히면 찾을 수 있어."
맙소사! 수학 문제도 잘 못 푸는데, 어떻게 도깨비가 내는 문제를
맞힐 수 있겠어요.
"난 못 해."
"그래? 그럼 여기서 평생 살든지."
헉! 그럴 수는 없어요.
나는 얼른 말을 바꾸었어요.
"아, 아니. 해, 해 볼게."

자 요정은 만족스러운 표정으로 말했어요.
"도깨비야, 얼른 문제를 줘."
도깨비가 말했어요.
"세 번째로 큰 공을 찾아라! 시간은 3분. 만약 찾지 못하면,
여기서 평생 축구공에 쫓기면서 살게 될 거야. 우헤헤헤."
"세 번째로 큰 공?"
"한 번 찰 때마다 점점 더 큰 공이 나왔는데……."
그런데 모두 섞여 있으니 어떤 공이 세 번째로 큰 공인지
도무지 모르겠어요.

나는 일단 제일 큰 공과 제일 작은 공부터 찾아
둘 사이를 멀찍이 떨어뜨려 놓았어요.
'공이 모두 일곱 개니까, 제일 큰 공은 1번, 제일 작은 건 7번.'
헷갈리지 않게 마음속으로 번호까지 붙였어요.

★ 도깨비의 경고
우헤헤헤! 안녕? 난 무시무시한 도깨비.
여기가 어디냐고? 바로 도깨비 나라지.
이 책을 펼치는 순간, 너도 도깨비 나라에 빠진 기야.
탈출하고 싶으면 어서 세 번째로 큰 공을 찾아봐.
이 경고를 무시한다면, 널 축구공으로 만들어 버릴지도 몰라.

다음은 남은 공들 중에서 가장 큰 공을 찾아
1번 공 옆에 놓았어요.
두 번째로 큰 공이니까, 2번이에요.
그리고 남은 공들 중에서 다시 가장 작은 공을 찾아
7번 공 옆에 놓았어요.
여섯 번째로 큰 공이니까, 6번이에요.

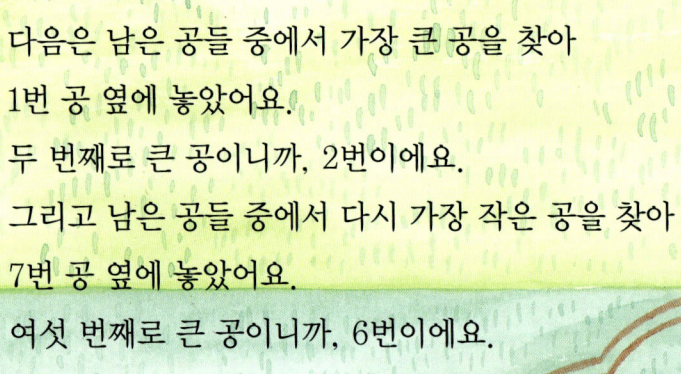

1   2

6   7

이제 남은 공은 세 개.
"이 중에 가장 큰 공이 바로 세 번째로 큰 공이지."
나는 세 번째로 큰 공을 2번 공 옆에 놓으며 말했어요.
나머지 공도 얼른 크기 순서대로 놓았어요.

"쉽네."
나는 세 번째로 큰 공을 번쩍 들며 자신 있게 대답했어요.
"바로 이거야!"
"흥! 제법이군."

도깨비가 일그러진 표정으로,
내 손에 들린 공을 향해 방망이를 흔들며 소리쳤어요.
"깐따삐룰라!"
그러자 공이 커져 둥실 떠오르고 기다란 줄이 내려왔어요.
자 요정이 말했어요.
"두 번째 쌍둥이 도깨비한테 데려다 줄 거야."
줄을 잡으니 내 몸도 붕 떠올랐어요.
"떴다! 떴다!"
우와, 하늘을 날다니!
도깨비 나라는 정말 신기한 곳이에요.

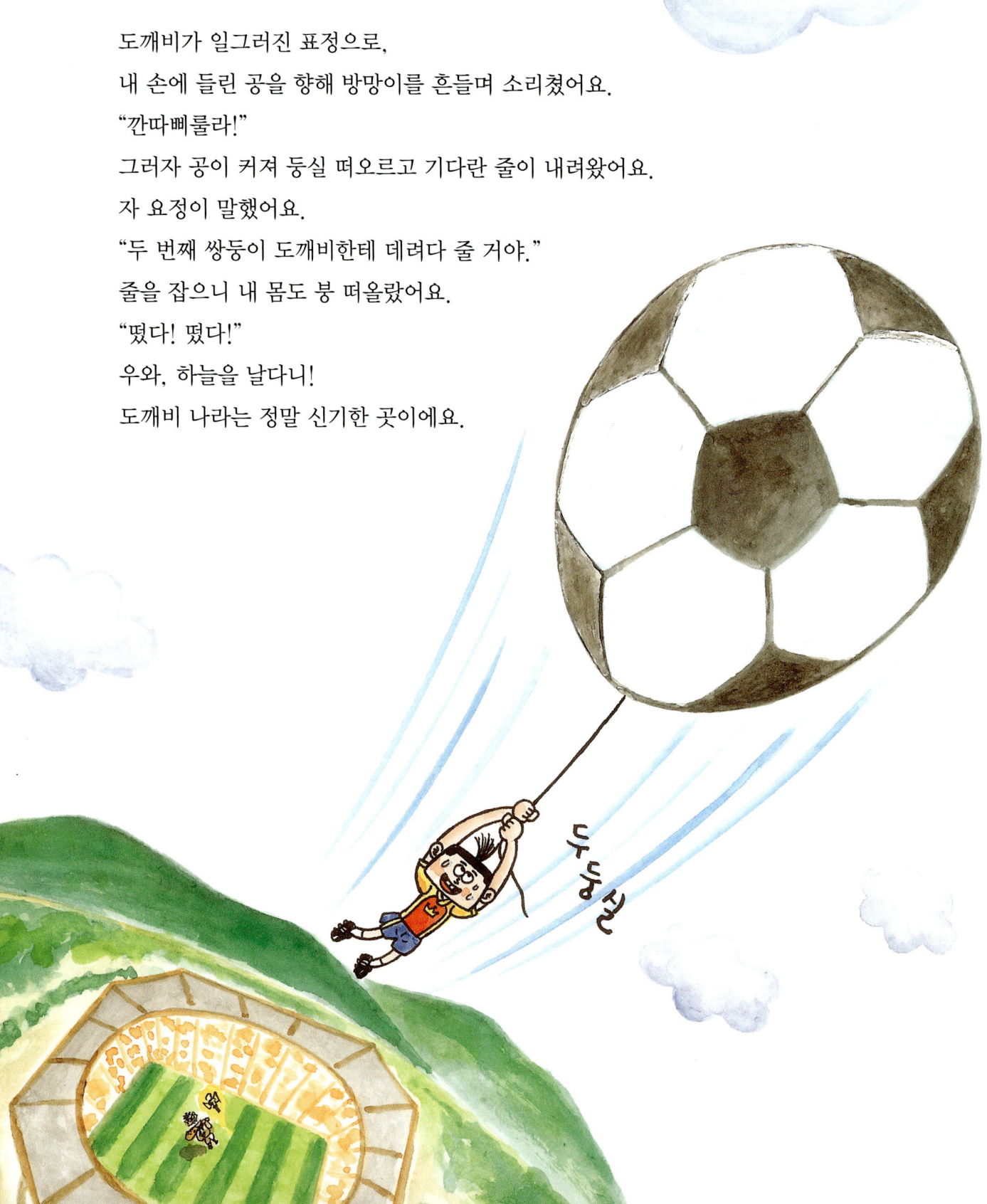

한참 신 나게 날고 있는데,
뭔가 까만 것이 내게로 날아오는 거예요.
헉, 독수리예요!
"엄마야!"
나는 눈을 질끈 감았어요.
아무 소리도 들리지 않아요.
살며시 눈을 떴는데, 독수리는 안 보여요.
'휴~ 살았다.'
하지만 안도의 숨을 쉬는 순간,
"푸~~"
바람이 빠지고 있었어요.
독수리가 터뜨리고 간 거예요.
순식간에 바람이 빠지고, 나는 그대로 추락하기 시작했어요.
"으악, 양재기 살려!"
이 이상하고 끔찍한 도깨비 나라를 내가 무사히 탈출할 수 있을까요?

★ 두 번째 문제

50cm 보물을 찾아라!

잠시 후, 나는 축축한 느낌이 들어 정신을 차렸어요.
'여기가 어디지?'
온통 울창한 나무와 풀뿐.
여기는 정글이 분명해요.
자 요정이 한 말이 생각났어요.
'두 번째 쌍둥이 도깨비한테 데려다 줄 거야.'
그럼 여기가 두 번째 쌍둥이 도깨비가 사는 곳일까요?

"우헤헤헤!"
두 번째 쌍둥이 도깨비예요. 첫 번째 도깨비랑
똑같이 생겼는데, 아프리카 원주민 차림을 하고 있어요.
"누구 마음대로 내 정글에 들어왔어!"
누가 오고 싶어 왔나요? 어쩌다 보니 떨어진 거지.
하지만 나는 도깨비의 심기를 건드리고 싶지 않았어요.
"미안. 어쩌다 보니 떨어진 거야. 이만 갈게."
도깨비가 순식간에 내 앞을 가로막더니 이렇게 말했어요.
"50cm 보물을 찾아라. 시간은 3분.
못 찾으면, 악어 밥이 될 거다. 우헤헤헤!"
"악어라니? 악어가 어디? 엄마야!"
어느새 커다란 악어가 내 옆에서 입을 쩍 벌리고 있었어요.

나 힘드니까 빨리 맞혀라.

"아, 알았어. 찾을게. 찾으면 되잖아."
나는 주위를 둘러봤어요. 그런데 이건!
"어, 내 허리띠가 왜 여기 있지?"
그뿐 아니에요.
바위 옆에는 내 줄넘기, 풀 위에는 리본 테이프,
땅에는 마술봉이 꽂혀 있었어요.
"너랑 함께 들어온 거야."
자 요정이 나타나 말했어요. 나는 잽싸게 물었어요.
"50cm 보물이 뭐야?"
"이 중에서 길이가 50cm인 것을 찾아봐."
정말 황당했어요.
일단 허리띠, 줄넘기, 리본 테이프, 마술봉이 보물은 아니잖아요?
게다가 자도 없는데 50cm인지 아닌지 내가 어떻게 알겠어요?

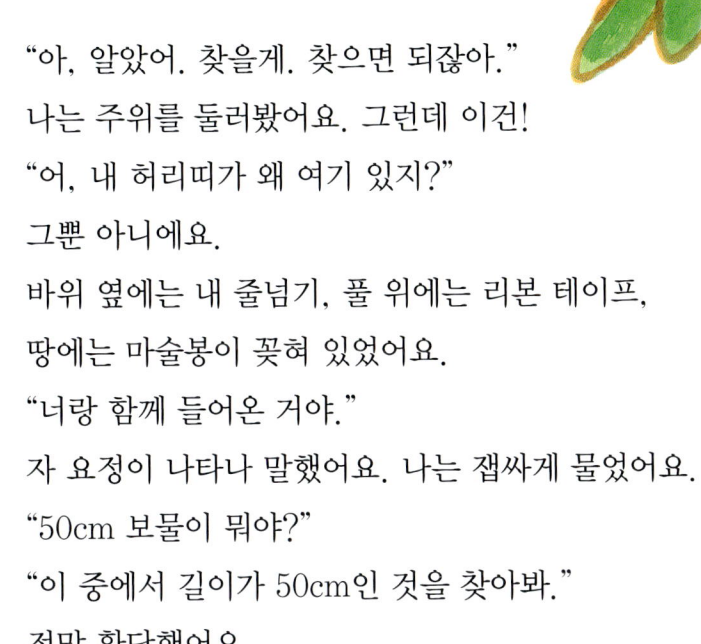

그때, 자 요정의 날개가 눈에 띄었어요. 딱 10cm 삼각자예요.
"자 요정, 네 날개 좀 빌려주면 안 될까?"
"그건 안 돼. 네 힘으로 해야지."
꼭 우리 엄마 같아요.
"내 힘으로 하려고 하는데, 자가 없잖아. 자가 있어야 길이를 재지."
"일단 길이가 어느 정도 되는지 어림해 봐."
어림? 수학 시간에 많이 들어 본 말이에요.
정확하게 측정하거나 계산하지 않고 대강 짐작으로 알아보는 것.
나는 일단 네 가지 물건을 쭉 늘어놓았어요.
제일 긴 것은 줄넘기. 그다음은 허리띠, 리본 테이프, 마술봉이었어요.
"줄넘기는 기니까 100cm쯤 될 것 같고, 허리띠는 한 70cm쯤?"

순간, 멋진 생각이 떠올랐어요.

"맞다. 내 키가 딱 140cm니까 대어 보면 되겠다."

줄넘기의 한쪽 끝을 내 머리 꼭대기에 대었더니 내 키보다 훨씬 길었어요.

"줄넘기는 분명히 140cm보다 길어."

나는 줄넘기와 허리띠를 대어 보았어요.

허리띠 길이가 줄넘기 길이의 반 정도 됐어요.

"허리띠는 70cm보다 길어."

그럼 줄넘기와 허리띠는 둘 다 50cm보다 훨씬 기니까 보물이 아니에요.

이제 남은 것은 리본 테이프와 마술봉.

그런데 둘의 길이는 비슷해서

어떤 것이 딱 50cm인지 잘 모르겠어요.

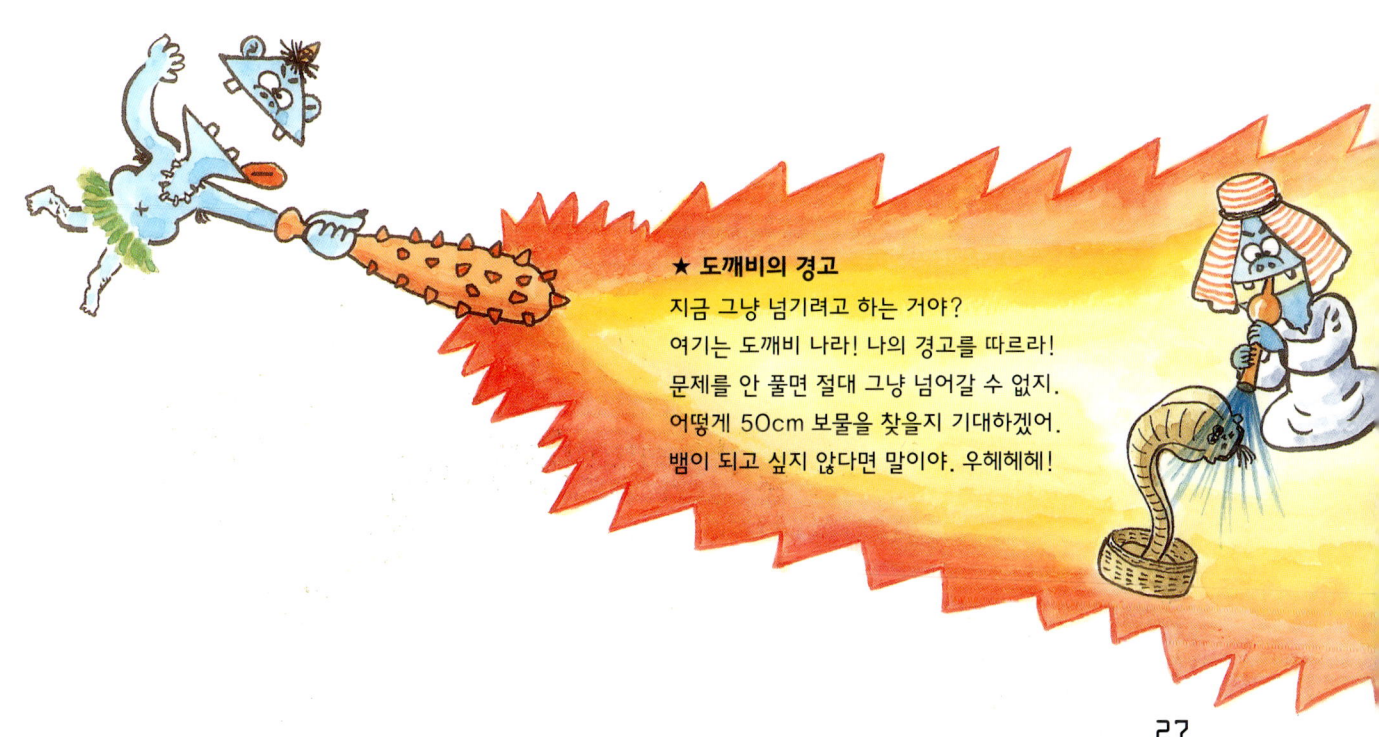

★ 도깨비의 경고
지금 그냥 넘기려고 하는 거야?
여기는 도깨비 나라! 나의 경고를 따르라!
문제를 안 풀면 절대 그냥 넘어갈 수 없지.
어떻게 50cm 보물을 찾을지 기대하겠어.
뱀이 되고 싶지 않다면 말이야. 우헤헤헤!

"아무거나 골라."
"그래. 맘에 드는 거 해."
쨍쨍거리는 소리에 둘러보니,
내 귀 양쪽에 파리같이 생긴 애들이 있었어요.
"너희들은 누구니?"
"우리는 엉터리~"
"방터리!"
"엉터리, 방터리? 하하하하."
웃겨도 너무 웃긴 이름이에요.
엉터리가 말했어요.
"시간이 없으니까 둘 중에 아무거나 골라."
방터리도 말했어요.
"그래. 틀리면 다른 거 고르면 되지 뭐."
왜 그 생각을 못했을까요?
자도 없는데 둘 중 딱 50cm가 되는 것을 찾는 일은 아무래도 무리예요.

그때, 자 요정이 말했어요.

"안 돼. 기회는 딱 한 번 뿐이야. 틀리면 바로 악어 밥이 된다고."

깜박했어요. 하마터면 큰일 날 뻔했어요.

"아니, 얘들이……."

나는 얼른 엉터리, 방터리를 가리키며 말했어요.

그런데 둘 다 벌써 사라져 버렸어요.

"몸에서 자 대신 사용할 수 있는 것을 또 찾아봐."

자 요정의 말에 나는 내 몸을 훑어봤어요.

딱 좋은 건 손인데, 한 뼘이 정확히 몇 cm인지 모르겠어요.

그때 내 발이 눈에 들어왔어요.

"맞다! 내 발 길이는 정확히 200mm야."

10mm는 1cm니까, 200mm는 정확히 20cm예요.

나는 얼른 신발을 벗으며 말했어요.

"그러니까 50cm가 되려면, 내 발로 두 발 반이면 되겠다."

나는 먼저 리본 테이프부터 재 보았어요.
발뒤꿈치를 리본 테이프의 한쪽 끝에 대고, 한 발, 두 발, 세 발.
"60cm쯤 되겠네!"

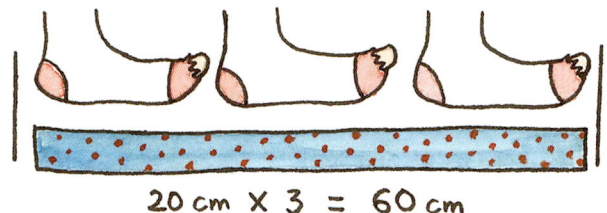
20cm × 3 = 60cm

그럼 50cm 보물은 바로 마술봉? 하지만 확실하게 재 봐야 해요.
나는 얼른 발로 마술봉의 길이를 쟀어요.
한 발, 두 발. 그리고 반 발.

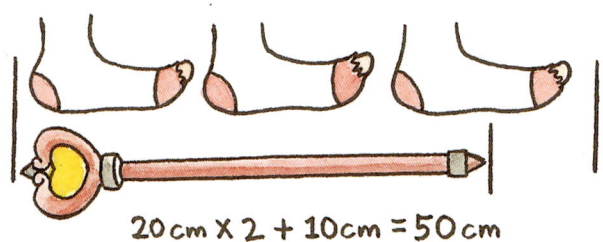
20cm × 2 + 10cm = 50cm

"50cm. 맞다! 마술봉이야!"
"빨리 도깨비한테 말해."
자 요정의 말에 나는 얼른 마술봉을 들고 소리쳤어요.
"50cm 보물은 마술봉이야."

"뭐야! 꽤 똑똑한데."
나는 으쓱했어요.
사실 나도 내가 이렇게 똑똑한지 몰랐어요.
"깐따삐룰라!"
도깨비가 마술봉을 향해 방망이를 휘두르자, 펑!
마술봉이 50cm 자로 변했어요.
"애걔, 이게 보물이야?"
내가 툴툴거리자 자 요정이 말했어요.
"중요한 보물이 될 테니까 잘 간직해 둬."
나는 자를 허리춤에 꽂았어요.
"으아~"
가만, 이 소리는!
큰일 났어요. 악어가 그 큰 입을 벌리고 내게 달려들고 있었어요.
"왜, 왜 이래? 난 문제를 맞혔다고."
부리나케 도망쳤지만, 나는 순식간에 악어 밥이 되고 말았어요.
약속도 안 지키는 도깨비라니! 정말 나빠요.

악어 뱃속은 깜깜하고 큰 동굴 같았어요.
악어의 뱃속에 들어왔는데 속은 엄청 큰 동굴이라니!
도깨비 나라는 정말 알쏭달쏭한 나라예요.
그때 동굴 안쪽에서 하얀 깃발이 펄럭였어요.
나는 깃발을 향해 더 깊이 들어갔어요.
그런데 바로 그 순간, 펑!
갑자기 온 세상이 환해졌어요.

그런데, 여기는 또 어디죠?
엄청나게 넓은 풀밭을 커다란 돌들이 둘러싸고 있어요.
돌에 이끼가 낀 걸로 봐서 아주 오래 전에 버려진 성곽 같아요.
아까 본 하얀 깃발이 성곽 둘레에 줄줄이 꽂혀 있어요.
악어 뱃속이 이곳으로 통하는 문이었나 봐요.

"우헤헤헤. 용하게 여기까지 왔군."
세 번째 쌍둥이 도깨비가 나타났어요.
갑옷을 입고 엄청 큰 도깨비 방망이를
들고 있는 모습이 다른 도깨비들보다 훨씬 더 무서웠어요.
재빨리 도망칠 구멍을 찾아봤지만, 그런 건 없었어요.
나는 최대한 친절하게 미소를 지으며 인사를 했어요.
"도깨비야, 안녕?"
내 뜬금없는 인사에 도깨비는 웃음을 터뜨렸어요.
"우헤헤헤. 겁을 잔뜩 먹었군."

도깨비는 무시무시한 얼굴을 바싹 갖다 대며 말했어요.
"문제나 푸시지. 우헤헤헤."
역시 이 도깨비는 무서워요.
"성곽의 길이는 몇 km? 시간은 5분.
틀리면 평생 이곳에 갇혀 살아야 할 거다. 우헤헤헤."
말도 안 돼요. 이렇게 긴 성곽의 길이를 어떻게 5분 동안 재라는 거죠?
게다가 아무리 긴 자라도 몇 km를 잴 수는 없다고요!

★ **도깨비의 경고**
지금 너한테 있는 건 50cm 자뿐이야.
어떻게 하면 길고 긴 성곽의 길이를 잴 수 있을까?
그림을 잘 봐. 어떤 규칙이 있는지 찾아보라고.
그래도 모르면 할 수 없지.
평생 돌이 되어 나와 같이 살 수 밖에. 우헤헤헤!

두 번째 문제까지는 괜찮았는데, 이번 문제는 너무 어려워요.
"아까 받은 보물 있잖아."
자 요정이었어요.
"50cm 자? 하지만 50cm 자로 언제 이 긴 성곽의 둘레를 재?"
5분이 아니라 50분이 지나도 어림없을 거예요.
"머리를 써야지. 돌의 모양과 크기를 잘 봐."
나는 돌을 자세히 봤어요.
가만, 규칙이 있어요. 바로 세운 돌 한 개, 누운 돌 두 개,
다시 세운 돌 한 개를 한 쌍으로 반복되고 있었어요.

또 한 가지 규칙. 돌의 크기가 모두 같아 보였어요.
"일단 돌의 크기부터 재어 봐야지."
나는 50cm 자로 세운 돌의 가로를 쟀어요.
50cm 자로 한 번, 두 번.
"가로는 100cm 그러니까 1m네."
세로는 50cm 자로 한 번, 두 번, 세 번.
"그럼 세로는 150cm네. 그러니까 1m 50cm야."
세운 돌과 누운 돌의 크기가 같으니까,
누운 돌의 가로는 1m 50cm, 세로는 1m.
그러고 보니, 자가 꽤 쓸모 있어요. 헤헤.

반복되는 네 개의 돌의 길이는
1m + 1m 50cm + 1m 50cm + 1m = 5m.

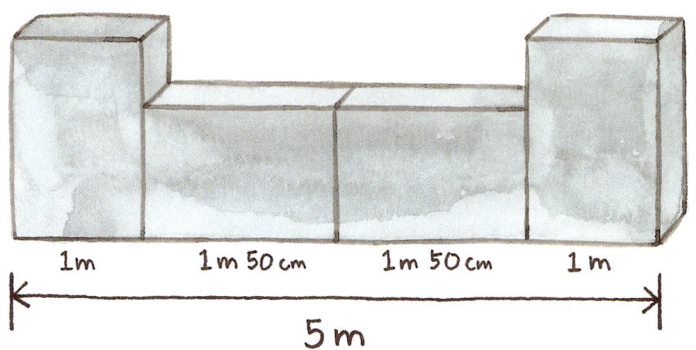

"5m다! 똑같은 모양이 계속 반복되니까
반복되는 개수를 알면 계산할 수 있어."
"그래. 바로 그거야!"
자 요정이 맞장구를 쳤어요.
"가만, 그런데 그걸 일일이 언제 다 세지?"
자 요정이 재촉했어요.
"벌써 3분이나 지났어. 시간이 없어."

그때, 성곽 위를 따라 일정한 간격으로 꽂혀 있는 깃발이 보였어요.
"그래! 깃발의 간격을 알아내면 답을 구할 수 있을지도 몰라."
네 개의 돌이 모여 만든 모양이 한 개, 두 개, 세 개, 네 개.
같은 모양이 네 번 반복될 때마다 깃발이 꽂혀 있었어요.

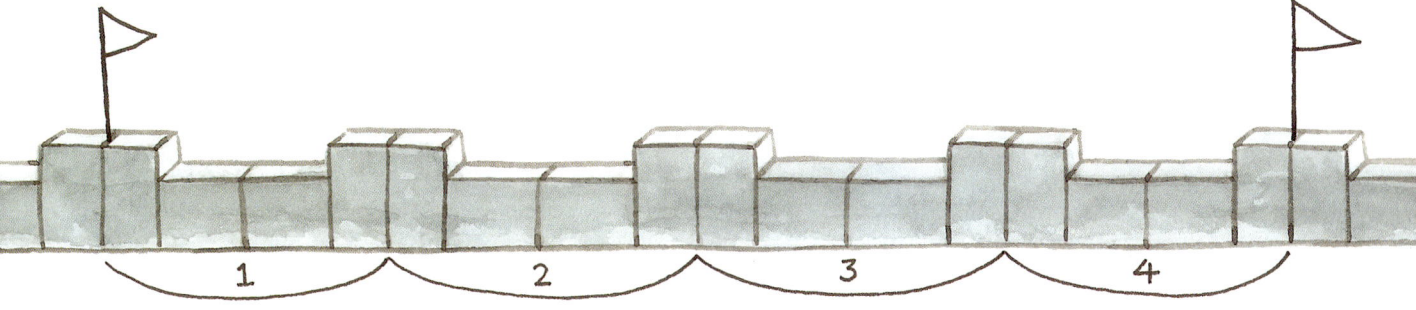

그럼 5m × 4 = 20m.
"20m마다 깃발이 한 개씩 꽂혀 있어. 그러니까 깃발의 개수만 세면 돼."
깃발은 성곽 위에 꽂혀 있어서 한 자리에 서서도 금방 셀 수 있었어요.
모두 50개. 20m 간격이 50개 있으니까, 20m × 50 = 1000m.

"1000m야!"
그러자 자 요정이 말했어요.
"도깨비는 몇 km냐고 물었어."
"맞다. 그럼 1km는 1000m니까, 성곽의 길이는 1km! 1km야!"

나는 얼른 도깨비한테 갔어요.
"성곽의 길이는 1km! 맞지?"
그러자 도깨비는 버럭 화를 내며 소리쳤어요.
"너, 뭐야! 왜 이렇게 잘해?"
그러게나 말이에요. 수학 문제를 풀 때마다 머릿속이 하얘졌는데
지금은 머리가 쌩쌩 잘 돌아요.
도깨비 나라를 탈출해야 한다는 생각 때문이겠죠?
도깨비가 돌문을 향해 방망이를 휘둘렀어요.
"깐따삐룰라!"

그러자 우르릉 쾅!
천둥 소리가 들리고 내 앞에 있던 돌이 반으로 쩍 갈라졌어요.
나는 재빨리 돌 틈으로 빠져 나왔어요.
신 나서 소리치는 순간, 몸이 붕 뜨는 게 느껴졌어요.
"뭐지?"
발밑을 보니, 헉! 낭떠러지예요.
깨닫는 순간, 나는 곧바로 떨어지기 시작했어요.
"양재기 살려~"
양재기 수난 시대는 도대체 언제까지 계속될까요?
도깨비 나라는 정말이지 끔찍해요.

★ 네 번째 문제

종이 독수리의 넓이는?

파란 하늘이 보여요. 뭉게구름도 보여요.
나는 풀밭 위에 대자로 누워 있어요.
여기는 분명히 네 번째 쌍둥이 도깨비가 있는 곳일 거예요.
이제는 놀랍지도 겁나지도 않아요.
분명히 조금 있으면
네 번째 쌍둥이 도깨비가 나타나겠죠?
보나 마나 말도 안 되는 문제를 낼 거예요.

예상대로 누군가 나를 노려보고 있는 느낌이 들었어요.
'드디어 왔군.'
그런데 이상해요. 동그란 눈. 뾰족한 부리. 그래요, 언젠가 본 모습이에요.
'맞다! 독수리다!'
내 축구공 풍선을 터뜨린 바로 그 독수리였어요.
나는 벌떡 일어나서 도망치기 시작했어요.
커다란 날개를 펴고 쏜살같이 따라오는 독수리.
독수리도 커다란 날개를 펴고 쏜살같이 따라왔어요.
"그만!"
자 요정이 나타나 소리치자
독수리가 얌전히 땅에 내려와 앉았어요.
역시 내 편은 자 요정뿐이에요.
"에잇, 또 실패야."
사냥꾼 옷을 입은 네 번째 쌍둥이 도깨비가 나타났어요.
역시 무서워요.

도깨비는 독수리를 향해 방망이를 휘두르며 주문을 외웠어요.
"깐따뻬룰라!"
그러자 독수리가 풀썩 쓰러지더니, 종이 독수리가 되었어요.
"독수리의 넓이는? 시간은 5분.
틀리면 독수리한테 평생 쫓겨 다닐 거다. 우헤헤헤."
넓이라면, 도형이나 장소가 차지하는 면의 크기를 말하는 것.
종이 독수리를 보니 삼각형, 사각형 등
여러 가지 도형으로 이루어진 모양이에요.
"도형들의 넓이를 구하라는 말이야."
자 요정이 말했어요.

★ **도깨비의 경고**
종이 독수리라고 우습게 보면 안 돼.
방망이만 휘두르면 언제든 진짜 독수리로 변할 테니까. 우헤헤헤.
그러니까 종이 독수리의 넓이를 구할 수 있는 방법을 찾아봐.
참새가 되어서 독수리의 먹이가 되고 싶지 않으면 말이야.

나는 어떤 도형이 있는지부터 살펴봤어요.
사각형이 3개, 삼각형이 3개.
그런데 넓이를 어떻게 구하는지 모르겠어요.
'이럴 줄 알았으면 수학 공부 좀 열심히 해 둘걸.'
하지만 이제와 후회한들 무슨 소용 있겠어요?
나는 정신을 집중해 기억을 더듬기 시작했어요.
그러자 번쩍 떠오르는 말, '단위 넓이'!
가로가 1cm, 세로가 1cm인 정사각형의 넓이를 '단위 넓이'라고 해요.
그리고 그 넓이는 가로와 세로를 곱해서 구했어요.

단위 넓이 = 가로 × 세로 = 1cm × 1cm = 1cm^2

그러니까 정사각형의 넓이는 가로와 세로의 길이를 곱하면 돼요.
이걸 기억해 내다니, 정말 나는 천재가 아닐까요?

나는 얼른 50cm 자를 이용해 독수리 머리의 사각형의 길이를 쟀어요.
독수리 머리의 사각형은 가로 20cm, 세로 20cm.
가로, 세로의 길이가 똑같은 정사각형이에요.
그럼 넓이는 아주 간단하게 구할 수 있어요.

정사각형의 넓이 = 가로 × 세로
20cm × 20cm = 400cm^2.
독수리 머리의 넓이는 400cm^{2}예요.

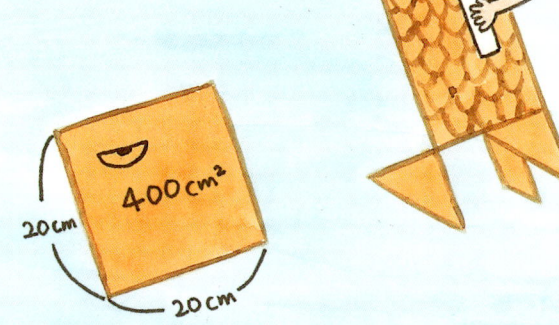

다음은 독수리의 몸.
재어 보니, 가로 30cm, 세로 50cm인 직사각형이에요.
하지만 걱정 없어요.
직사각형의 넓이도 가로와 세로를 곱하면 되거든요.

직사각형의 넓이 = 가로 × 세로
30cm × 50cm = 1500cm^2.
그러니까 독수리 몸의 넓이는 1500cm^{2}예요.

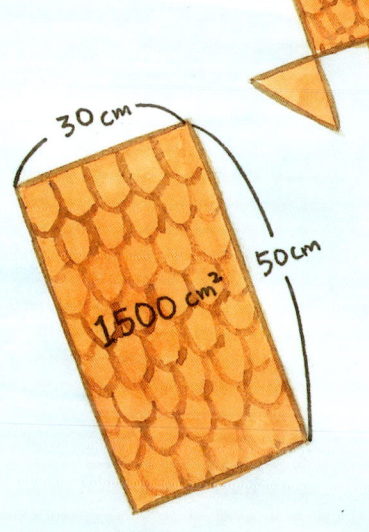

이제 부리, 다리, 날개 끝에 있는 삼각형 세 개의 넓이를 구해야 해요.
길이를 재어 보니, 모두 밑변 20cm, 높이 20cm인 직각삼각형이에요.

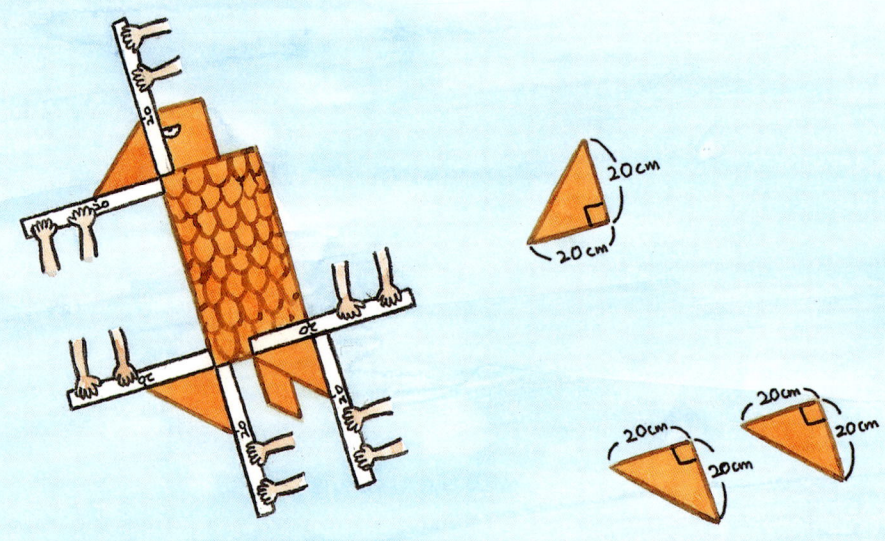

'직각삼각형의 넓이는 어떻게 구하더라?'
아, 생각났어요!
밑변을 가로, 높이를 세로로 하는 사각형을 만들고 넓이를 구하면 돼요.
그럼 그것의 반이 바로 직각삼각형의 넓이.
직각삼각형의 넓이 = 밑변 × 높이 × $\frac{1}{2}$ 이에요.
그러니까 직각삼각형의 넓이 = 20cm × 20cm × $\frac{1}{2}$ = 200cm^2.
직각삼각형 세 개의 넓이는 200cm^2 × 3 = 600cm^2
즉, 부리, 다리, 날개 끝에 있는 삼각형의 넓이는 모두 600cm^{2}예요.

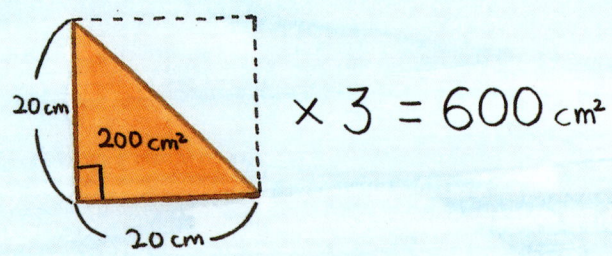

"마지막 꼬리 깃털의 넓이만 구하면 되겠다."
그런데 사각형이기는 한데, 정사각형도, 직사각형도 아니에요.
가로는 20cm, 세로는……?
가로와 세로가 직각으로 만나지 않아요.
'이렇게 생긴 사각형을 뭐라고 하더라?'
내 마음을 읽었는지 자 요정이 말했어요.
"모양을 잘 봐."
나는 다시 사각형의 모양을 봤어요.
'마주 보는 두 변의 길이가 같다. 그리고 평행하다.'

그러자 번쩍!
"맞다! 평행사변형!"
"바로 그거야. 이제 넓이를 구해 봐."
가만, 평행사변형의 넓이는 어떻게 구해야 할까요?

★ 도깨비의 경고
평행사변형의 넓이는 어떻게 구하지?
모르겠다고?
생각을 좀 해 봐. 도깨비 방망이가 되어서
평생 내 곁에 있고 싶지 않으면 말이야. 우헤헤헤.

가만히 보니, 반으로 나누면 삼각형이 되어요.
나는 평행사변형에 대각선을 그렸어요.

똑같은 삼각형 두 개가 됐어요. 삼각형의 넓이 = 밑변 × 높이 × $\frac{1}{2}$.
그런데 삼각형이 두 개니까 거기에 2를 곱하면,
평행사변형의 넓이 = 밑변 × 높이 × $\frac{1}{2}$ × 2 = 밑변 × 높이가 되어요.
재어 보니, 밑변은 10cm, 높이는 8cm.
그럼 평행사변형의 넓이는 10cm × 8cm = 80cm²예요.
드디어 종이 독수리의 넓이를 구할 수 있게 되었어요.

400cm² + 1500cm² + 600cm² + 80cm² = 2580cm²

"종이 독수리의 넓이는?"

"2580cm²."

내가 자신있게 답을 말하자, 도깨비는 약이 오른 모양이에요.

"으, 너 같은 녀석은 처음이야!"

도깨비는 종이 독수리를 향해 방망이를 흔들며 소리쳤어요.

"깐따삐룰라!"

이런! 종이 독수리가 다시 진짜 독수리가 됐어요.

자 요정이 말했어요.

"이제 타도 돼. 다섯 번째 도깨비한테 데려다 줄 거야."

등에 올라타자 쏜살같이 날아오르는 독수리.

그러고 보니, 재미있어요.

도깨비 나라가 아니면 내가 언제 독수리를 타 보겠어요?

★ 다섯 번째 문제

주황이를 살려라!

독수리를 타고 신 나게 날다 보니,
저 멀리 호수가 있는 멋진 정원이 보였어요.
독수리는 호수를 한 바퀴 빙 돌더니 나를 정원에 내려주었어요.
호수 옆 탁자에는 우유 한 병과 컵이 놓여 있었어요.
우유를 보니, 갑자기 목이 말랐어요.

나는 우유를 한 컵 가득 따라 마셨어요.
밍밍하던 우유가 웬일인지 고소하고 맛있어요.
한 컵을 다 마셨는데도, 또 마시고 싶어졌어요.
'도깨비가 나타나서 자기 우유라고 화내는 거 아냐?'
하지만 나는 참지 못하고 다시 우유를 한 컵 가득 따라 마셨어요.
"카~ 맛있다."
한 컵, 또 한 컵, 모두 네 컵이나 마셨어요.
도깨비 나라에서는 우유가 꿀꺽꿀꺽
잘도 넘어가요.

삐삐삐~

갑자기 호루라기 소리가 요란하게 들렸어요.

"누가 내 우유를 다 마셨어!"

그럴 줄 알았어요. 경찰 옷을 입은 다섯 번째 도깨비가 나타났어요.

나는 황급히 사과했어요.

"미, 미안. 너무 목이 말라서 그랬어."

하지만 도깨비는 방망이를 번쩍 들며 소리쳤어요.

"용서 못 해."

나는 눈을 질끈 감았어요.

'이렇게 죽는구나!' 싶었어요.

그때였어요.

"안 돼!"

맞아요. 자 요정이 나타났어요. 나의 구세주, 자 요정.

"기회를 줘. 문제를 맞힐 수 있게."

나는 고마워서 눈물이 찔끔 났어요.

도깨비가 말했어요.

"좋아, 문제를 주지."

그러더니 다시 방망이를 들고 소리쳤어요.

"깐따삐룰라!"

나는 또 움찔했어요.

앗! 탁자 위에 어항이 생겼어요.
물고기 한 마리가 들어 있는데, 내 물고기 주황이랑 닮았어요.
"혹시 주황이?"
"맞아. 주황이도 너와 함께 빨려 들어왔어."
자 요정이 대답했어요. 주황이는 숨을 헐떡이고 있었어요.
나는 얼른 컵으로 호수의 물을 퍼서 넣어 주었어요.
도깨비가 험상궂은 표정으로 말했어요.
"어항의 들이는? 시간은 5분.
그 안에 맞히지 못하면 대신 물고기가 죽는다. 우헤헤헤."
주황이가 죽을 수도 있다니! 나는 마음이 급해졌어요.
"들이? 들이가 뭐지?"
자 요정이 귓가에 대고 속삭였어요.
"그릇 안에 들어갈 수 있는 액체의 양이잖아."
그러니까 이번 문제는 어항 안에 들어갈 수 있는 액체의 양을 재라는 말이에요.

먼저 양을 잴 수 있는 그릇을 찾아야 해요.
주위를 살펴보니 아까 마신 우유병이 눈에 들어왔어요.
"1000mL! 이걸 쓰면 되겠다."
나는 컵으로 주황이를 옮겼어요.
주황이가 있으면 정확한 어항의 들이를 잴 수 없으니까요.
그리고 얼른 우유병에 호수 물을 담아 어항에 채우기 시작했어요.
한 병, 두 병, 세 병, 네 병, 다섯 병, 여섯 병, 일곱 병.
"넘친다!"
자 요정이 소리쳤다. 너무 많이 넣은 거예요. 그렇다면,

1000mL 짜리 여섯 병이면, 1000mL × 6 = 6000mL.
1000mL 짜리 일곱 병이면, 1000mL × 7 = 7000mL.

어항의 들이는 6000mL보다는 크고, 7000mL보다는 작다는 말이겠죠?

그러니까 어항의 들이를 정확하게 알려면 좀 더 작은 그릇이 필요해요.
나는 컵을 집어 들었어요.
우유병처럼 몇 mL인지 쓰여 있으면 좋을 텐데 아무것도 없어요.
머리가 지끈지끈 아프기 시작했어요.
"그냥 포기해."
"그래. 못 풀겠다고 해."
언제 나타났는지 엉터리, 방터리가 내 귀에 대고 속삭였어요.
나도 당연히 그러고 싶었어요.
내가 제일 자신 없고, 싫어하는 과목이 수학인데,
자꾸만 수학 문제를 풀어야 하니 머리가 아파요.
"그냥 집에 보내 달라고 부탁해."
"싹싹 빌면 보내 줄지도 몰라."
나는 솔깃했어요.
'그래. 이 문제는 내 실력으로는 절대 풀 수 없어.'

도깨비를 부르려는 찰나, 자 요정이 소리쳤어요.
"주황이는 어떡해?"
맞아요. 내가 문제를 풀지 못하면 주황이가……. 그럴 수는 없어요.
"그래. 어떻게든 풀고 말겠어. 그러니까 방해하지 마."
나는 엉터리, 방터리한테 말했어요.
꼭 우리 엄마가 말하는 것처럼 단호하게 말이에요.
그런데 없어요. 그새 또 사라졌어요.
엉터리, 방터리는 정말 웃기는 애들이에요.

나는 다시 마음을 가다듬고 컵의 들이를 알아낼 방법을 생각해 봤어요.
그러자 아까 우유 마실 때가 생각났어요.
'맞다! 컵에 네 번 가득 따라 마셨어.'
그렇다면 컵의 들이는 1000mL 우유병의 사 분의 일,
즉 250mL가 아닐까요?
나는 컵에 있는 주황이를 다시 어항으로 옮겼어요.
그리고 우유병에 호수 물을 담아 컵에 부으며 몇 컵이 되는지 세어 보았어요.
한 컵, 두 컵, 세 컵, 네 컵. 딱 네 컵이었어요.

"맞아. 컵의 들이는 250mL야."

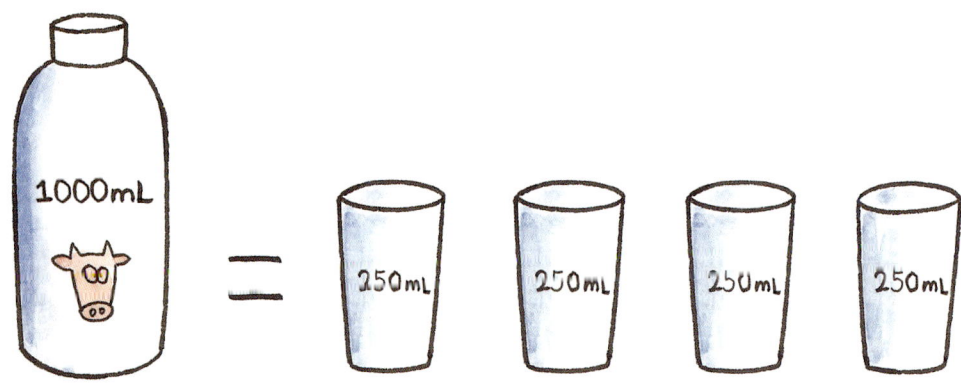

"잘했어. 이제 다시 어항의 들이를 재 봐."
나는 어항의 주황이를 다시 컵에 옮겼어요.
그리고 어항의 물을 모두 쏟은 다음, 다시 우유병으로 여섯 병의 물을 부었어요.
다음은 주황이를 다시 안전하게 우유병에 옮긴 뒤,
컵에 물을 담아 어항에 부었어요.
한 컵, 두 컵, 세 컵.
"됐다."
어항의 물이 넘치지도 모자라지도 않게 찰랑거렸어요.
250mL들이 컵으로 세 컵을 부었으니까,
컵으로 부은 물은 250mL × 3 = 750mL.

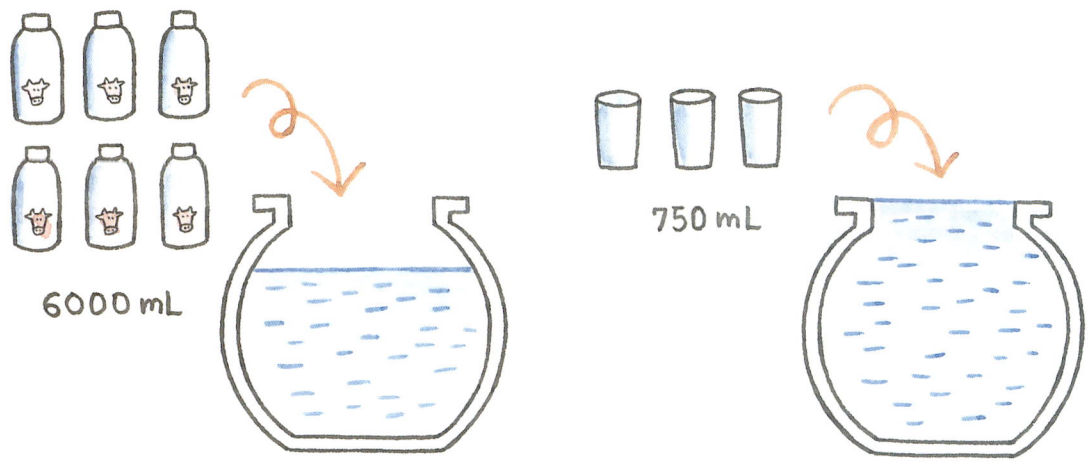

그러니까 어항의 들이는 6000mL + 750mL = 6750mL.
"성공!"

"어항의 들이는 6750mL."
답을 말하자, 도깨비는 버럭 화를 냈어요.
"뭐야, 또 맞혔잖아!"
어지간히 약이 오른 모양이에요.
나는 의기양양하게 말했어요.
"답을 맞혔으니, 주황이를 살려 줘."
도깨비는 아쉬운 표정으로 방망이를 흔들었어요.
"깐따삐룰라!"
그러자 우유병에 있던 주황이가 펄쩍 뛰어오르더니,
호수 속으로 쏙 들어갔어요.
"주황이를 또 어디로 보낸 거야?"
나는 깜짝 놀라 소리쳤어요. 도깨비가 또 약속을 안 지킬 모양이에요.

그때였어요. 호수 속에서 무엇인가 불쑥 올라왔어요.
엄청나게 커진 주황이었어요. 자 요정이 말했어요.
"너를 여섯 번째 도깨비한테 데려다 줄 거야."
내가 등에 타자, 주황이는 호수 속으로 천천히 헤엄쳐 들어갔어요.
어려운 문제도 풀고, 주황이도 구하고 나니, 뿌듯했어요.
게다가 이제 두 문제만 더 풀면 도깨비 나라를 탈출할 수 있어요!

호수 깊이 내려가자, 멋진 용궁이 나타났어요.
주황이는 나를 커다란 문 앞에 내려 주었어요.
"멋지다! 동화책에서 본 용궁이랑 똑같네."
그런데 잠시 한눈을 판 사이, 주황이가 사라져 버렸어요.
"주황아! 주황아!"
내가 소리치자, 자 요정이 나타나 말했어요.
"걱정 마. 네가 주황이를 살려 주었기 때문에 먼저 네 방으로 돌아갔어.
이제 여섯 번째 문제를 풀면 돼. 잘할 수 있지?"
"물론이지. 걱정 마. 나머지 두 문제도 꼭 풀 테니까."
나는 자신 있게 대답하고 용궁 안으로 들어갔어요.

방 한가운데에는 시소와 항아리 네 개가 놓여 있었어요.
나는 항아리의 뚜껑을 차례대로 열어 보았어요.
첫 번째 항아리에는 유리구슬이 10개,
두 번째 항아리에는 쇠구슬이 10개,
세 번째 항아리에는 말굽자석이 10개,
네 번째 항아리에는
벽돌 10개가 들어 있었어요.
"누구 마음대로 내 항아리를 열어 봐!"
드디어 여섯 번째 도깨비가 나타났어요.
얼굴은 똑같은데 이번에는 용왕 옷을 입고 있었어요.
도깨비는 곧바로 방망이를 휘두르며 주문을 외웠어요.
"깐따삐룰라!"

헉! 이건 또 뭐죠?

커다란 괴물 가재가 큰 집게발을 딱딱거리면서 나한테 돌진하는 거예요.

나는 또 도망치기 시작했어요.

도깨비들은 왜 이렇게 나를 괴롭히는 걸까요?

"잠깐!"

화가 나 소리치자, 가재가 그 자리에 멈추어 섰어요.

"빨리 문제를 내."

내 말에 도깨비가 가소롭다는 표정으로 말했어요.

"자신 있다 이거군. 좋아, 이 가재의 무게는? 시간은 5분. 만약 풀지 못하면 가재가 가만두지 않을 거다. 우헤헤헤."

그건 나도 알고 있어요.

그나저나 저울도 없는데, 무엇으로 무게를 잴까요?

문득 방 한가운데 있는 시소가 보였어요.
"맞다! 이걸 양팔 저울처럼 쓰면 되겠다."
"아주 좋은 생각이야."
자 요정이 나타나 말했어요.
"양팔 저울로 무게를 재려면 추가 필요한데."
있는 거라고는 항아리 안에 들어 있는 물건뿐이에요.
구슬, 쇠구슬, 말굽자석, 벽돌.
'이것들을 추로 이용할 방법이 없을까?'

그때, 쇠구슬에 적힌 글자가 눈에 들어왔어요.
50g. 다른 쇠구슬에도 모두 그렇게 적혀 있었어요.
쇠구슬의 무게가 50g이라는 뜻이겠지요?
"바로 이거야. 이걸로 가재의 무게를 재면 돼."
내가 신 나서 말하자,
자 요정이 고개를 갸우뚱하며 물었어요.
"그것만으로는 부족하지 않을까?
가재가 워낙 커서 말이야."

나는 다시 머리를 굴렸어요.
'그래! 쇠구슬과 다른 것들을 비교해 각각의 무게를 알아낸 다음,
그것도 추로 쓰면 되겠다.'
어때요? 아주 좋은 생각이지요?

먼저 말굽자석 한 개가 쇠구슬 몇 개의 무게와 같은지 재어 보기로 했어요.
저울의 한쪽에는 말굽자석을, 반대편에는 쇠구슬을 놓았어요.
저울이 말굽자석 쪽으로 기울었어요.
말굽자석이 무겁다는 뜻이에요.
쇠구슬을 한 개 더 올렸더니, 평형이 되었어요.
양쪽 무게가 똑같아졌다는 뜻이죠.

그럼 말굽자석의 무게 = 쇠구슬 50g × 2개 = 100g이에요.
"말굽자석은 100g. 그럼 이제 벽돌의 무게를 재 봐야지."
나는 저울의 한쪽에 벽돌 한 개를 올리고,
평형이 될 때까지 말굽자석을 올렸어요. 그랬더니 모두 10개.

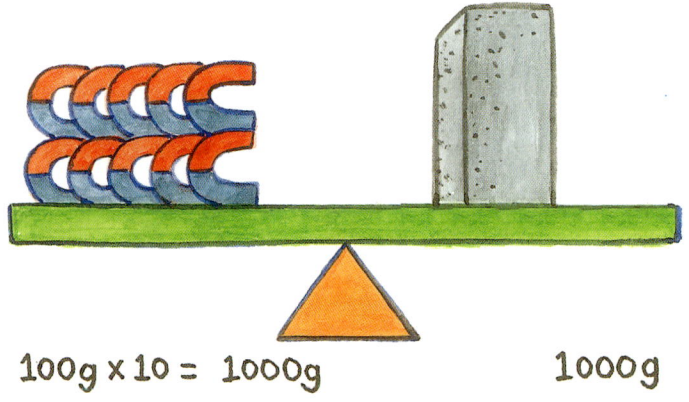

벽돌의 무게 = 100g × 10개 = 1000g이에요.

"이제 유리구슬 무게만 알아내면 되겠다."
자 요정이 말했어요.
유리구슬은 쇠구슬보다 가벼우니까, 이번에는 먼저 쇠구슬 한 개를 올려놓고,
저울이 다시 평형이 될 때까지 유리구슬을 올려놓았어요.
한 개, 두 개, 세 개, 네 개, 다섯 개.

쇠구슬의 무게는 50g. 그런데 유리구슬 5개는 쇠구슬 한 개와 같은 무게니까,
유리구슬의 무게 = $\frac{50}{5}$g = 10g이에요.

정리해 보면,
유리구슬 10g, 쇠구슬 50g, 말굽자석 100g, 벽돌 1000g이에요.

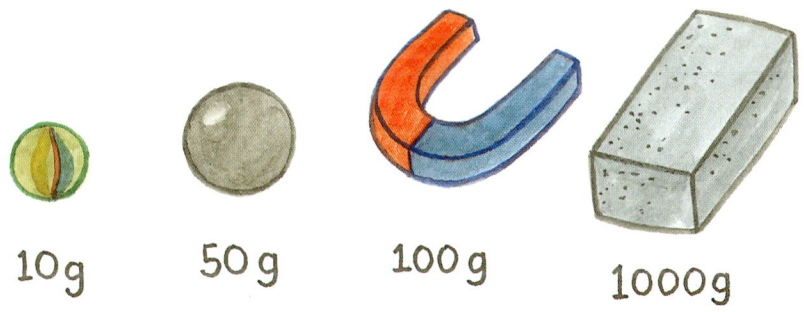

"좋았어. 이제 가재의 무게를 재어 볼까?"
나는 저울의 한쪽에 가재를 올려놓았어요.
가재 쪽으로 쑥 기울었어요.
나는 저울의 다른 한쪽에 벽돌을 올려놓기 시작했어요.
한 개, 두 개, 세 개, 네 개, 다섯 개…… 여덟 개, 아홉 개.
순간, 저울이 벽돌 쪽으로 기울었어요.
나는 얼른 벽돌 한 개를 내려놓으며 말했어요.
"일단 1000g 벽돌 8개. 8000g이라는 얘기네."

다음은 말굽자석을 올렸어요.
말굽자석도 한 개, 두 개, 세 개, 네 개, 다섯 개, 여섯 개, 그리고 일곱 개.
순간, 저울이 말굽자석 쪽으로 기울었어요.
그럼 다시 한 개 내리고,
"100g 말굽자석 여섯 개가 올라갔으니까, 600g 추가!"

다음은 쇠구슬 올려놓기.
50g 쇠구슬을 한 개, 두 개.
쇠구슬 쪽으로 기울어지니까 한 개까지만.
"50g 쇠구슬 1개, 50g 더 추가."
거의 평형이 된 상태이기는 한데,
정확하게 하기 위해 이번에는 유리구슬을 올렸어요.
유리구슬 한 개, 두 개, 세 개.
드디어 저울이 완벽하게 평형이 됐어요.
"그럼 10g 유리구슬 세 개니까 30g 더 추가.
모두 더하면……."

8000g + 600g + 50g + 30g = 8680g.

"가재의 무게는 8680g이야."
나는 신나서 소리쳤어요.
도깨비는 화가 났는지 아무 말도 안하고 방망이를 휘둘렀어요.
"깐따뻬룰라!"
그러자 가재가 나보다 훨씬 더 커지더니,
더 커진 집게발을 딱딱거렸어요.
"어서 타. 마지막 일곱 번째 쌍둥이 도깨비한테 데려다 줄 거야."
나는 별로 내키지 않았지만 가재의 등 위에 올라탔어요.

물살을 가르며 위로, 위로 올라가는데,
갑자기 뭔가 뱅뱅 도는 것이 내 앞으로 다가왔어요.
"회, 회오리다!"
결국 나는 물회오리에 휩쓸리고 말았어요.
"양재기 살려!"
정말이지 양재기 수난 시대예요.

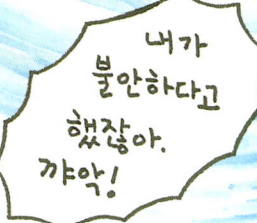
내가 불안하다고 했잖아. 꺄악!

휘이이잉

★ 일곱 번째 문제
시한폭탄을 찾아라!

이번에는 온통 시계로 둘러싸인 방에 와 있었어요.
'가만, 시계?'
나는 벌떡 일어났어요.
드디어 마지막 방에 도착한 거예요.
이제 도깨비들의 고장 난 시계를 찾아서 고쳐 주기만 하면 돼요.
그럼 집에 돌아갈 수 있어요.

나는 벽에 걸린 시계들을 봤어요.
그런데 시계가 모두 멈춰 있어요.
어떤 시계는 아예 바늘이 떨어져 버린 것도 있고요.

"여기까지 오다니, 생각보다 똑똑하군."
드디어 마지막 일곱 번째 쌍둥이 도깨비가 나타났어요.
얼굴은 똑같은데 온몸에 기름을 잔뜩 묻힌 수리공 옷을 입고 있어요.
"너 때문에 시계들이 고장 났단 말이야."
나는 억울했어요.
내가 한 거라고는 그냥 시계를 잠깐 째려본 것뿐이었어요.
그리고 시간이 좀 빨리 지나갔으면 하고 바랐던 것뿐이었다고요.

도깨비가 무시무시한 얼굴로 말했어요.
"시계를 고쳐라. 시간은 5분.
못 고치면 평생 여기서 살게 될 걸. 우헤헤헤."
살펴보니, 바늘이 떨어진 시계 밑에 시각이 쓰여 있어요.
그러니까 떨어진 바늘을 끼우고,
그 시각에 맞게 바늘을 맞추면 되는 거예요.
"좋았어. 그 어려운 문제들도 다 풀었는데,
시계 맞추는 것쯤이야."
먼저, 3시. 나는 바닥에서 작은 바늘과 큰 바늘을 찾아 시계에 끼웠어요.
작은 바늘은 시를 가리켜서 '시침', 큰 바늘은 분을 가리켜서 '분침'이라 해요.
그럼 3시니까 시침은 '3'에 놓고, 분침은 '12'에 놓으면 되죠.

다음은, 11시 30분.
우선 11시니까 시침은 11에 놓고,
분침은 1시간에 한 바퀴를 돌아요.
1시간 = 60분.
그러니까 30분은 반 바퀴를 돌리면 되죠.
나는 분침을 반 바퀴를 돌려 '6'에 놓았어요.
"잘했어. 그렇게 하면 돼."
언제 왔는지 엉터리가 말했어요.
"넌 천재라니까."
방터리도 장단을 맞추었어요.
그런데 얘네들이 칭찬하니까 좀 불안해요.
뭔가 틀린 게 분명해요.

나는 다시 시계를 봤어요.

11에 맞추어 놓은 시침이 눈에 번쩍 띄었어요.

"맞아! 시침도 움직여야 해!"

분침이 반 바퀴를 도는 동안, 시침도 움직여야 한다고요.

시침 한 눈금이 1시간이니까 30분이면 눈금의 반을 가면 돼요.

나는 시침을 11과 12의 가운데에 놓았어요.

"하마터면 틀릴 뻔했네."

그러자 엉터리가 약 오르는 듯 말했어요.

"흥! 재미없어."

방터리도 투덜거렸어요.

"잘난 척하기는."

"내가 언제!"

내가 화난 표정으로 말하자, 둘은 눈 깜짝할 사이에 사라져 버렸어요.

이제는 아무리 얼렁뚱땅하라고 부추겨도 소용없어요.

난 집에 가야 하고, 그러려면 시계를 정확하게 맞춰야 하니까요.

11시 30분

다음은 3시 40분.

일단 3시니까 시침을 3에 놓았어요.

그리고 분침은 시침이 한 칸 움직이는 동안, 즉 1시간 동안 한 바퀴를 돌죠.

1시간 = 60분.

60분 동안 12칸, 그러니까 5분 동안 1칸을 움직이고,

그럼 40분은 8칸을 움직여야 해요.

나는 분침을 8에 놓았어요.

"40분 동안 시침도 움직였으니까……."

시침은 60분 동안 한 칸을 움직이는데, 40분이 지났으니까
$\frac{40}{60} = \frac{2}{3}$. 한 칸의 삼 분의 이만큼 움직이면 되죠.

3시 40분

"성공!"

나는 신 나서 박수를 쳤어요.

"잘했어. 그런데 시간이 없으니까 빨리빨리 맞춰야 해."

자 요정이 다급하게 말했어요.

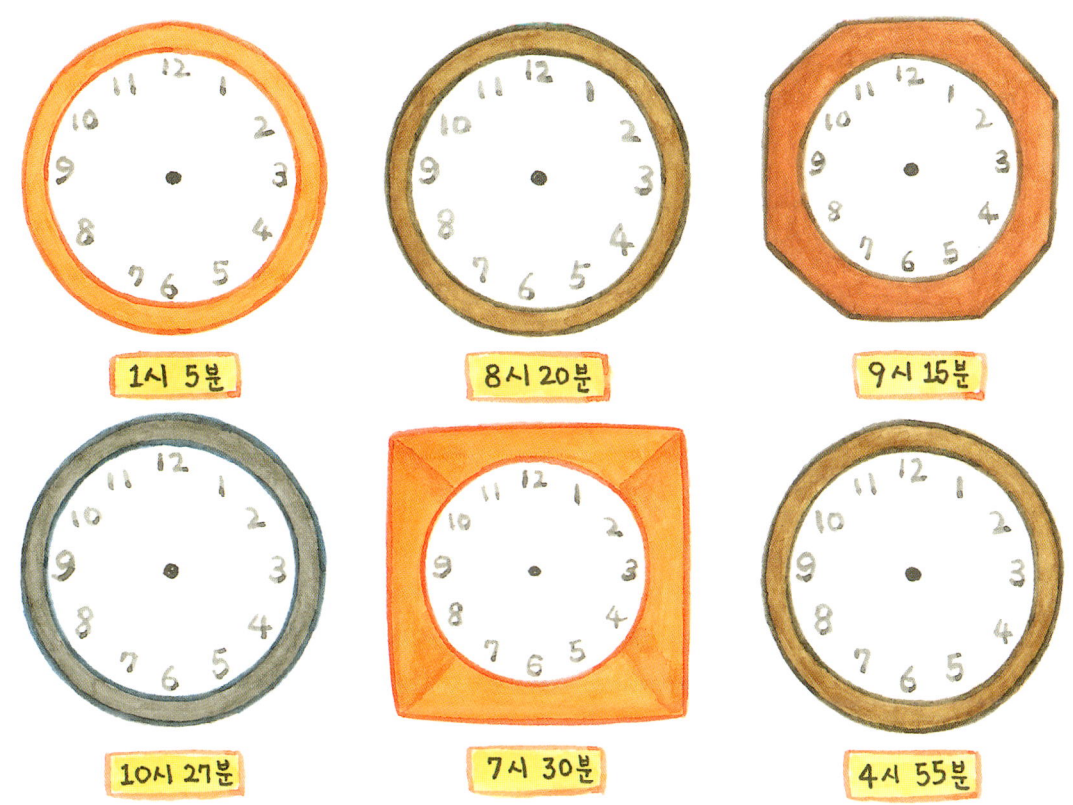

1시 5분
8시 20분
9시 15분
10시 27분
7시 30분
4시 55분

"알았어."

나는 정신없이 시계를 고치기 시작했어요.

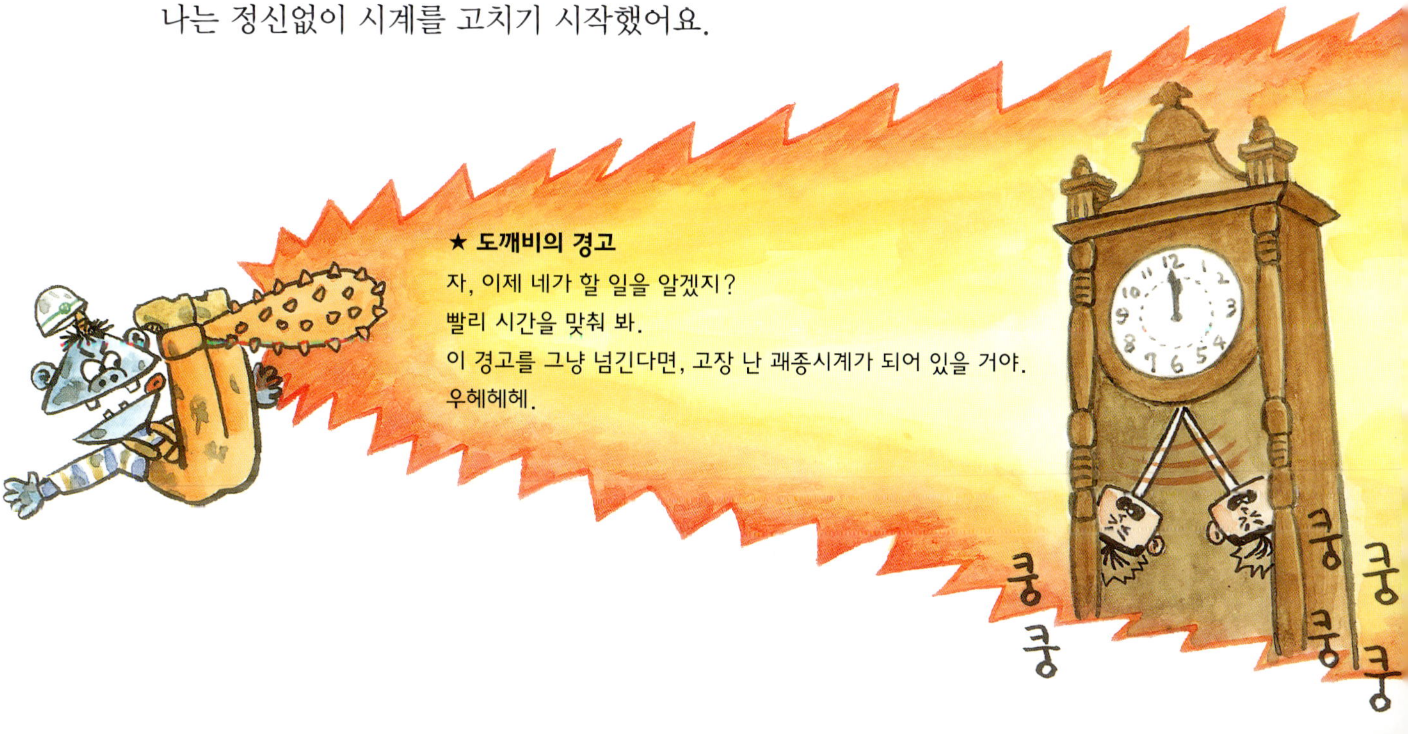

★ 도깨비의 경고
자, 이제 네가 할 일을 알겠지?
빨리 시간을 맞춰 봐.
이 경고를 그냥 넘긴다면, 고장 난 괘종시계가 되어 있을 거야.
우헤헤헤.
쿵
쿵
쿵
쿵
쿵
쿵

드디어 마지막 시계. 자 요정이 재촉했어요.
"10초 남았어."
"아, 알았어. 5시 10분이니까……."
먼저 시침을 5에 놓고, 분침은 10분이니까 2칸, 2에 놓은 다음,
분침이 10분 지날 동안, 시침은 한 칸의 $\frac{10}{60}$,
즉 육 분의 일 칸만큼 더 지나게 놓으면,

"성공! 도깨비야, 다 맞췄어."
그러자 멈춰 있던 시계들이 모두
째깍째깍 소리를 내며 돌아가기 시작했어요.
나는 의기양양하게 말했어요.
"시계를 다 고쳤으니, 이젠 집에 보내 줘. 하하하."
나는 웃음이 절로 나왔어요.
드디어 집에 갈 수 있게 됐으니 웃음이 나올 수밖에요.

"그렇게는 안 되지. 시계 안에 폭탄이 숨겨져 있거든. 우헤헤헤."
기가 막혔어요. 도깨비는 약속을 안 지키는 고약한 버릇이 있어요.
나는 소리쳤어요.
"시계를 다 고치면 보내 준다면서! 약속을 지켜야지."
"다 고치면 뭘 해? 폭탄이 터지면 다시 또 고장 나 버릴 텐데."
도깨비의 말에 자 요정이 나섰어요.
"폭탄이 어디 있는데?"
"나도 몰라. 앞으로 30분 후, 4시 10분이면 펑! 하고 터질 거니까 잘 찾아봐."
이런! 정말이지 얄미운 도깨비예요.

가만, 앞으로 30분 후인 4시 10분에 터진다면, 지금 시각은 4시 10분의 30분 전. 4시 10분에서 30분을 빼면?

```
      4시 10분
 −       30분
  ─────────────
           ?
```

"10분에서 어떻게 30분을 빼지?"
이런! 생각이 안 나요.
나는 정신을 집중했어요.
'10분에서 30분을 뺄 수는 없으니까, 4시에서 1시간을 줘야 돼요.'
그럼 4시는 3시가 되고, 1시간, 즉 60분이 더 더해지니까, 10분은 70분이 되죠.
"됐다! 70분에서 30분을 빼면 돼."

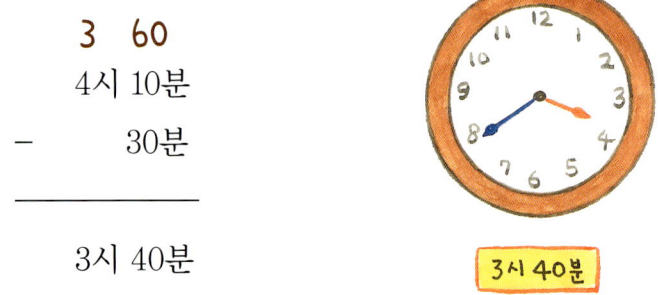

```
   3   60
      4시 10분
 −       30분
  ─────────────
      3시 40분
```

"3시 40분이야. 현재 3시 40분에 맞춰진 시계를 찾으면 돼."

"찾았다! 바로 이거야!"
나는 폭탄을 제거하기 위해 얼른 벽에 걸린 시계를 뗐어요.
바로 그 순간, 찌르릉~ 찌르릉~
요란한 경고음이 울리더니, 곧바로 펑!
"엄마야!"
폭탄이 터져 버린 거예요.
나는 순식간에 날아가기 시작했어요.
"양재기 살려~"
"잘 가."
자 요정의 목소리가 점점 멀어져요.
도깨비는 정말 나빠요. 끝까지 약속을 안 지켰잖아요.
그나저나 나는 또 어디로 날아가고 있는 것일까요?

찌르릉~~ 찌르릉~~
점점 더 어둡고 캄캄한 곳으로 빠져드는 느낌.
"시끄러워. 제발 좀 그만해."
소리치는 순간, 나는 정신이 들면서 눈이 번쩍 떠졌어요.

찌르릉~ 찌르릉~
가만, 이건 내 시계 소리예요.
나는 얼른 스위치를 눌러 알람을 껐어요.
주위를 둘러보니, 내 방이에요.
드디어 내가 도깨비 나라에서 탈출한 거예요!
"야호! 성공! 하하하."
나는 좋아서 벌떡 일어나 소리쳤어요.
그러고 보니 도깨비가 약속을 어긴 건 아니네요.
폭탄이 터져 놀라기는 했지만 결국 내 방으로 돌아왔으니까요.

나는 얼른 창틀 위에 있는 어항을 보았어요.
주황이가 신 나게 헤엄을 치고 있었어요.
줄넘기, 허리띠, 리본 테이프, 마술봉도 모두 제자리에 있었어요.
모두 다 돌아온 거예요.
"역시 난 대단해. 하하하하!"
그런데 그때, 시계가 눈에 들어왔어요.
3시 50분이에요.

도깨비 나라에 들어간 시각이 3시 41분쯤이었으니까,
9분 동안 그 많은 일들이 벌어진 거예요.
도깨비 나라는 정말 신기한 나라예요.

그런데 문득 생각나는 게 있었어요.
'가만, 3시 50분!'
헉! 큰일 났어요.
4시 10분에 축구하러 가야 되는데 수학 문제를 하나도 못 풀었어요.
나는 얼른 문제집을 폈어요.
다행히 문제집의 숫자들도 다 제자리에 있었어요.
그런데 첫 번째 문제를 보니 이게 어떻게 된 일이죠?
방금 전 도깨비 나라에서 푼 문제랑 똑같아요.

1. 30분 후면 4시 10분이 됩니다. 지금 시각은 몇 시 몇 분입니까?

엄청 쉬워요. 나는 자신 있게 문제를 풀었어요.
"30분 후에 4시 10분이니까 4시 10분에서 30분을 빼면 되지."

식:　　　3　60
　　　　4시 10분
　　　−　　30분
　　　―――――――
　　　　3시 40분

답:　3시 40분

다른 문제들도 모두 쉬웠어요. 나는 순식간에 문제를 다 풀었어요.
그 어렵던 시간 문제가 이렇게 쉬워질 줄 몰랐어요.
그렇게 풀기 싫었던 수학 문제가 이렇게 재미있을 줄은 정말 몰랐어요.
'이러다 축구보다 수학이 더 좋아지면 어떡하지?'
그때, 책상 위에 놓인 삼각자 두 개가 보였어요.
'어, 자 요정?'
나는 삼각자 두 개를 맞붙여 자 요정의 날개처럼 만들었어요.
그러자 순간, 자 요정이 나타나 활짝 웃으며 말했어요.
"양재기, 넌 정말 멋져."
신기한 도깨비 나라. 그곳에 다시 갈 수 있을까요?

도전, 우리도 수학 박사!

넌 정말 천재야!

무시무시한 도깨비를 만나도 겁도 안 내고,

도깨비들이 내는 어려운 문제를 모두 맞혔으니 말이야.

물론 그사이 수학에 대한 자신감도 팍팍 생겼겠지?

이젠 어려운 문제가 나와도 전혀 겁나지 않을 거야.

좋아, 그럼 우리 새로운 도전을 해 볼까?

바로 수학 박사가 되는 거지!

어느 길이 빠를까?

길이를 계산해 볼까? 길이를 더하거나 빼 보면 직접 가 보지 않아도 어느 길이 더 빠른지 알 수 있어.

집에서 학교까지 가는 길은 도서관을 거쳐 가는 길 A와 은행을 거쳐 가는 길 B가 있어.

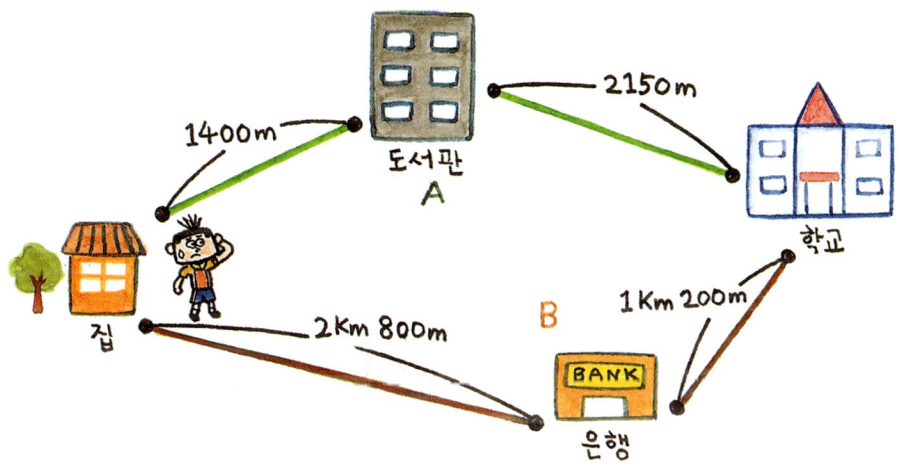

(1) 길 A는 몇 km 몇 m일까?

(2) 길 B는 몇 km 몇 m일까?

(3) 어느 길이 몇 m 더 길까?

그럼 어느 길이 더 빠를까?

누구 땅이 더 넓을까?

도형의 넓이를 계산해 볼까? 눈으로 보면 구분이 잘 안 가지만 계산해 보면 확실히 알 수 있지.

놀부는 더 넓어 보이는 세모난 땅을 자기가 갖고, 흥부에게는 더 좁아 보이는 네모난 땅을 주었어. 누구의 땅이 얼마나 더 넓은지 계산해 보자.

어떻게 채울까?

들이는 통이나 그릇에 들어갈 수 있는 액체의 양을 말해. 들이를 알면 그릇의 크기를 계산할 수 있고, 그릇을 가득 채우는 방법을 알아낼 수도 있지.

콩쥐는 물을 길어 4L 300mL의 항아리를 가득 채워야 해. 물동이는 1000mL와 700mL 두 개. 어떻게 넘치지도 않고, 모자라지도 않게 물을 채울 수 있을까?

얼마나 걸렸을까?

시각은 어느 한 시점을 나타내는 것이고, 시간은 어떤 시각에서 어떤 시각까지의 사이를 나타내는 말이야. 시각을 정확하게 보고, 시간을 계산해 볼까?

집에서 시계를 보고 출발했는데, 학교에 도착해 시계를 보니, 8시 40분이었어.

(1) 집에서 출발한 시각은 몇 시 몇 분일까?

(2) 학교에 도착한 시각을 시계에 그려 봐.

(3) 집에서 학교까지는 몇 시간 몇 분이 걸린 걸까?

● 정답

어느 길이 빠를까?

(1)　1400m
　　+ 2150m
　　─────
　　3550m = 3km 550m

(2)　2km 800m
　　+ 1km 200m
　　─────
　　4km

(3)　4km
　　- 3km 550m
　　─────
　　450m

은행을 거쳐 가는 길 B가 450m 더 길다.
그래서 도서관을 거쳐 가는 길 A가 더 빠르다.

누구 땅이 더 넓을까?

놀부의 땅은 $10m \times 6m \times \frac{1}{2} = 30m^2$
흥부의 땅은 $8m \times 5m = 40m^2$
따라서 $40m^2 - 30m^2 = 10m^2$ 으로
흥부의 땅이 $10m^2$ 더 넓다.

어떻게 채울까?

① 먼저 항아리에 1000mL 물동이로 물을 4번을 붓는다. 그럼 항아리의 물은
　　1000mL × 4 = 4000mL = 4L

② 1000mL 물동이를 가득 채운 후, 700mL 물동이로 물을 덜어낸다. 그럼 물동이에 남은 물은
　　1000mL - 700mL = 300mL

③ 남은 물을 항아리에 붓는다. 그럼,
　　4L + 300mL = 4L 300mL이 된다.

얼마나 걸렸을까?

(1) 집에서 출발한 시각 : 7시 30분

(2)

(3) 걸린 시간 : 1시간 10분
　　8시 40분
　　- 7시 30분
　　─────
　　1시간 10분

단위 속 신기하고 재미있는 수학 이야기

● **단위는 만국 공통어**

프랑스 대혁명 때 과학자들은 세계 각국의 수많은 단위를 통일하기 위해 새로운 단위 체계를 연구하기 시작했어요. 그리고 마침내 1799년 '미터법'을 만들었지요. 지구의 북극점에서 적도까지의 거리의 1000만 분의 1이 되는 길이를 1미터로 정했어요. 1미터의 기준이 되는 물건도 만들었는데, 이것을 '미터원기'라고 해요. 미터원기는 온도에 따른 길이의 변화가 가장 적은 금속인 백금과 이리듐의 합금으로 만들었죠.

하지만 모든 금속은 온도에 따라 조금씩 변하기 때문에 이후 1미터의 기준을 크립톤이라는 원소의 동위원소에서 나오는 주황색 빛 파장의 165만 763.73배로 정했어요. 그리고 이 정의는 다시 1983년 '빛이 진공에서 2억 9979만 2458분의 1초 동안 진행한 경로의 길이를 1미터로 정한다'라고 바뀌었어요.

● **단위의 기본은 길이**

'길이'는 선분의 크기로 선분이 모이면 면이 되어요. 면의 크기를 '넓이'라고 하지요. 면이 모이면 입체가 되는데, 이 입체의 크기가 바로 '부피'예요. 그래서 길이의 단위인 미터(m)를 곱하면 넓이의 단위인 제곱미터(m^2)가 되고, 세 번 곱하면 부피의 단위인 세제곱미터(m^3)가 나오는 거예요. 부피의 단위로는 리터(L)도 쓰는데, 한 변의 길이가 10cm인 정육면체의 부피 1000㎤를 1리터(L)라고 하죠. 1리터의 천 분의 일을 1밀리리터(mL) 또는 1시시(cc)라고 해요. 또 1mL(cc)의 부피를 가진 순수한 물이 섭씨 0도일 때의 무게를 1그램(g)이라고 하지요.

● **1시간이 60분인 이유는?**

1시간을 잘게 쪼개 60분으로 만든 것은 고대 바빌로니아 인이라고 알려져 있어요. 바빌로니아 인은 태양의 모습인 원을 360으로 생각하고 이를 6등분한 60을 단위로 택했죠. 그리고 이에 따라 1시간을 60분, 1분을 60초로 나눠 사용했어요.

하루를 오전, 오후로 나누기 시작한 것은 고대 로마 인이에요. 로마 인은 하루를 오전 12시간, 오후 12시간으로 나누었고, 이 기준이 널리 퍼지면서 지금에서 쓰이고 있지요.

초등학교 수학 교과 관련 내용

1학년 1학기 4. 비교하기
1학년 2학기 4. 시계 보기
2학년 1학기 4. 길이 재기
2학년 2학기 4. 시각과 시간
3학년 1학기 8. 길이와 시간
3학년 2학기 5. 들이와 무게
4학년 1학기 3. 각도
4학년 2학기 5. 평면도형의 둘레와 넓이
4학년 2학기 6. 수의 범위와 어림
5학년 1학기 7. 평면도형의 넓이
5학년 1학기 8. 여러 가지 단위